지음 | 신비호기심해결단

신비아파트 친구들과 어린이를 사랑하는 작가진, 편집진이 어린이들의 호기심을 응원하기 위해 똘똘 뭉쳤어요. 재미있는 그림과 어린이들의 눈높이에 맞춘 쉬운 설명으로 호기심을 해결한 어린이 친구들! 더 깊고 넓은 호기심 가지를 풍성하게 뻗어 나가길 바랍니다.

신비 과학 그림 백과 ❷
신비아파트 동물 호기심 100

1판 1쇄 인쇄 | 2022년 2월 4일
1판 1쇄 발행 | 2022년 2월 25일
구성 | 김시연 **그림** | 신혜영 **디자인** | 이혜원
발행인 | 조인원
편집장 | 최영미
편집자 | 손유라, 한나래
출판마케팅 담당 | 홍성현, 경주현
제작 담당 | 이수행, 오길섭
발행처 | (주)서울문화사
등록일 | 1988년 2월 16일
등록번호 | 제 2-484
주소 | 서울특별시 용산구 새창로 221-19
전화 편집 | 02-799-9375 **출판마케팅** | 02-791-0750

ISBN 979-11-6438-515-7
      979-11-6438-506-5(세트)

ⓒ CJ ENM Co.,Ltd. All Rights Reserved.

· 본 제품은 CJ ENM(주)과 (주)서울문화사의 상품화 계약에 의거하여
  제작, 생산되오니 무단복제 시 법의 처벌을 받습니다.

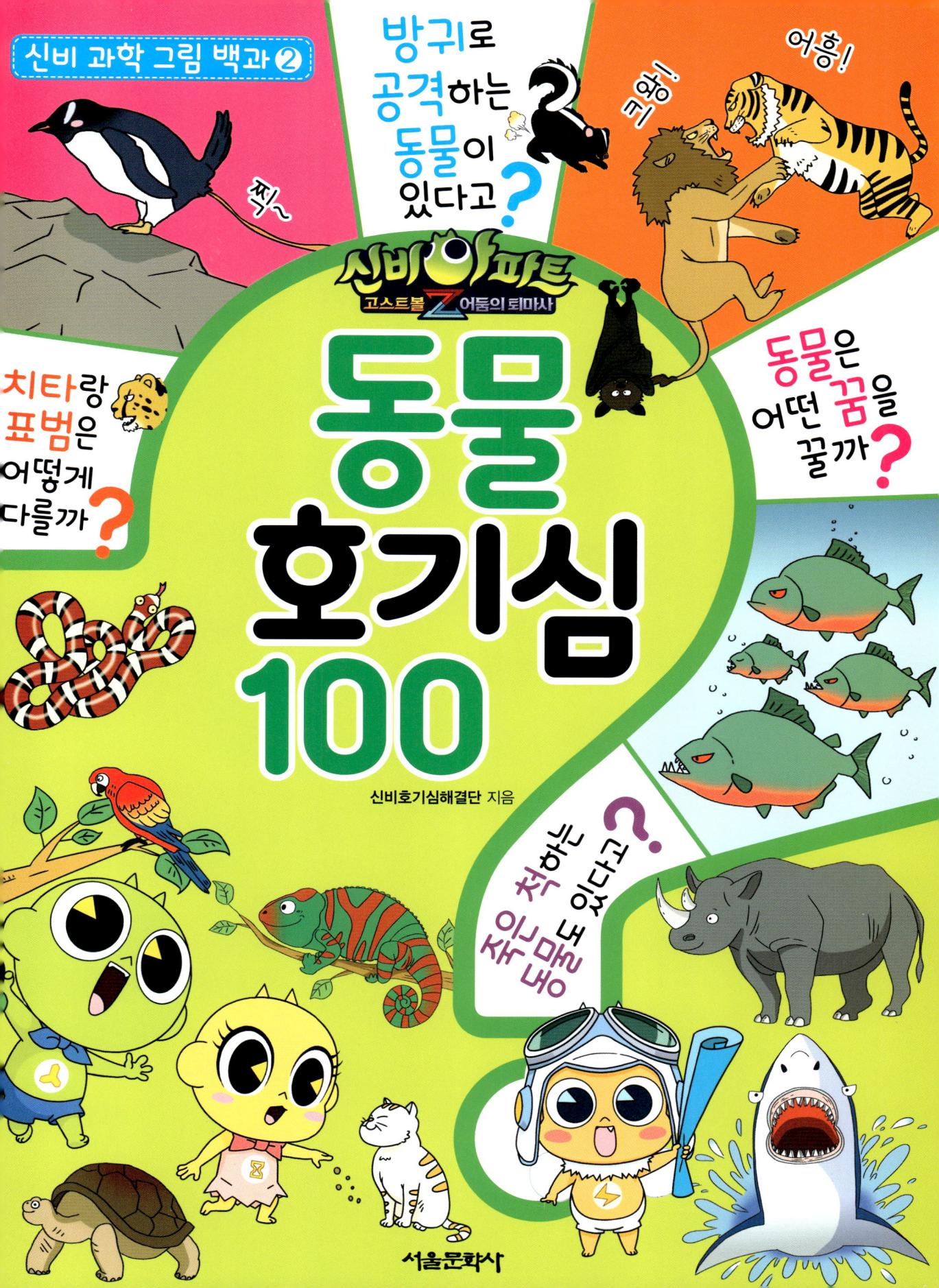

차례

1장 육지에 사는 동물

커다란 동물 ···· 8
001 코끼리는 얼마나 무거울까?
002 코끼리 코는 어떤 일을 할까?
003 기린은 왜 목이 길까?
004 기린은 어떻게 잘까?

초원의 동물 ···· 10
005 사자와 호랑이가 싸우면 누가 이길까?
006 사자는 어떻게 사냥할까?
007 초식 동물은 왜 몰려다닐까?
008 하이에나는 어떻게 먹이를 구할까?

힘이 센 동물 ···· 12
009 고릴라는 정말 무서울까?
010 곰은 행동이 느릴까?
011 코뿔소의 뿔은 어떻게 만들어진 걸까?
012 코뿔소는 얼마나 힘이 셀까?

초식 동물 ···· 14
013 사슴뿔은 어떤 일을 해?
014 루돌프는 어떤 사슴일까?
015 고라니는 어디에서 살아?
016 자기가 싼 똥을 먹는 동물이 있다고?

화려한 무늬 ···· 16
017 얼룩말은 왜 줄무늬가 있어?
018 공작은 왜 깃털이 화려할까?
019 뱀은 색깔이 왜 화려할까?
020 동물은 왜 무늬가 있을까?

빠른 동물 ···· 18
021 동물 가운데 누가 가장 빨리 달릴까?
022 치타랑 표범은 어떻게 달라?
023 사막에서는 왜 낙타를 탈까?
024 사람은 언제부터 말을 탔을까?

느린 동물 20
025 아기 코알라는 왜 엄마 똥을 먹을까?
026 코알라는 얼마나 잘까?
027 나무늘보는 왜 나무에만 있을까?
028 통통한 판다는 무엇을 먹을까?

작은 동물 22
029 하늘을 나는 다람쥐가 있다고?
030 다람쥐 볼에는 뭐가 들어 있어?
031 쥐는 해로운 동물일까?
032 두더지는 정말 눈이 나쁠까?

산속 동물 24
033 너구리와 라쿤은 뭐가 달라?
034 죽은 척하는 동물이 있다고?
035 반달가슴곰은 어떻게 생겼어?
036 멧돼지는 왜 마을로 내려올까?

개와 고양이 26
037 개의 후각은 얼마나 뛰어날까?
038 개는 얼마나 똑똑할까?
039 고양이의 수염은 어떤 일을 할까?
040 고양이는 얼마나 높이 뛸까?

파충류 28
041 하늘을 나는 뱀이 있을까?
042 뱀은 왜 다리가 없어?
043 카멜레온은 왜 몸 색깔이 변할까?
044 도마뱀은 위험하면 어떻게 할까?

겨울잠 30
045 동물들은 추운 겨울을 어떻게 보낼까?
046 동물은 왜 겨울잠을 잘까?
047 자다가 배고프면 어떻게 해?
048 물속에는 누가 자고 있을까?

2장
물과 친한 동물

고래와 돌고래 34
049 물속에 거대 동물이 있다고?
050 고래는 물고기가 아니라고?
051 고래는 왜 점프를 할까?
052 분홍색 돌고래도 있다고?

차례

상어 ···· 36
053 상어는 이빨이 몇 개일까?
054 상어가 사람을 공격할까?
055 고래상어는 고래일까, 상어일까?
056 망치처럼 생긴 상어도 있다고?

정글의 동물 ···· 38
057 악어는 어떻게 구별할까?
058 악어는 왜 입을 벌리고 있을까?
059 사람을 공격하는 물고기가 있을까?
060 전기를 만드는 물고기가 있다고?

물과 육지 ···· 40
061 거북은 얼마나 오래 살까?
062 하마는 물에 얼마나 오래 있을까?
063 물개와 물범은 어떻게 다를까?
064 바다에 코끼리가 산다고?

독을 가진 동물 ···· 42
065 독이 있는 문어도 있을까?
066 독화살개구리 독은 얼마나 강할까?
067 화가 나면 풍선처럼 커지는 물고기가 있다고?
068 바다에서 가장 위험한 독을 가진 동물은 누구일까?

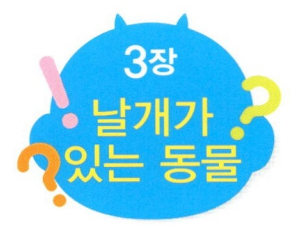

3장 날개가 있는 동물

펭귄 ···· 46
069 펭귄은 어디에서 살까?
070 가장 큰 펭귄은 누구일까?
071 펭귄은 왜 똥을 쏠까?
072 펭귄은 추우면 어떻게 할까?

날지 못하는 새 ···· 48
073 닭은 날 수 있을까?
074 닭은 알을 몇 개나 낳을까?
075 타조알은 얼마나 클까?
076 타조는 왜 날지 못할까?

멋있는 새 ···· 50
077 독수리가 야생의 청소부라고?
078 하늘의 제왕이라고 불리는 독수리는?
079 새는 시력이 얼마나 좋을까?
080 독도를 지키고 있는 새는 누구일까?

철새와 텃새 ···· 52
081 철새가 뭘까?
082 철새는 어디로 갈까?
083 텃새가 뭘까?
084 참새는 어떻게 살까?

4장 알쏭달쏭 동물 호기심

동물 랭킹 ···· 56
085 가장 오래 사는 동물은?
086 알을 가장 많이 낳는 동물은?
087 가장 똑똑한 동물은?
088 세상에서 가장 큰 쥐는?

특이한 동물 ···· 58
089 방귀로 공격하는 동물이 있다고?
090 오리랑 너구리를 닮은 동물은?
091 건축가 동물이 있다고?
092 깊은 바다에는 누가 살고 있을까?

동물, 이게 궁금해! ···· 60
093 동물도 꿈을 꿀까?
094 동물들은 어떻게 대화할까?
095 사람은 왜 동물을 기를까?
096 식물 같은 동물이 있을까?

동물들의 천국 ···· 62
097 갈라파고스 제도는 어떤 곳일까?
098 갈라파고스 제도에는 어떤 동물이 살까?
099 갈라파고스 제도에서 꼭 지켜야 할 규칙 5가지는?
100 동물들이 사라지지 않으려면 어떻게 해야 할까?

동물의 분류 ···· 64

커다란 동물

1장 육지에 사는 동물

001
코끼리는 얼마나 무거울까?

코끼리는 귀가 커다랗고, 코가 긴 동물이야. 크게 아프리카코끼리와 아시아코끼리로 나뉘는데, 아프리카코끼리는 땅 위에 사는 동물 중 가장 크고 무거워. 몸길이는 5.5~7.5m에 몸무게가 3~7t이나 되지. 덩치가 큰 만큼 먹이를 150~300kg이나 먹고, 물을 200L 정도 마셔.

002
코끼리 코는 어떤 일을 할까?

후각이 무척 뛰어난 코끼리는 코로 먼 곳에 있는 음식 냄새도 맡을 수 있어. 코끼리의 긴 코는 뼈 대신 근육으로 이루어져 있어. 그래서 코로 먹이를 집어 먹는 등 코를 손처럼 사용하는 거야. 그리고 기다란 코에 6L 이상의 물을 저장할 수도 있어.

코끼리

니 내랑 같이 운동하자!

동물 학교 신체 검사

003 기린은 왜 목이 길까?

키가 가장 큰 기린은 나뭇잎을 무척 많이 먹어. 아주 오래전 목이 긴 기린은 높은 나뭇가지에 달린 나뭇잎도 먹을 수 있었지만, 목이 짧은 기린은 먹을 것이 부족해서 점점 사라지게 되었지. 자연스럽게 목이 긴 기린만 살아남아 새끼를 낳으며 기린의 목이 점점 길어지게 되었어.

기린

004 기린은 어떻게 잘까?

기린은 대부분의 시간을 서서 보내. 잠을 잘 때도 보통 선 채로 20분 정도씩 짧게 자곤 하지. 기린이 이렇게 불편하게 자는 이유는 적을 만났을 때 빨리 도망치기 위해서야. 간혹 깊은 잠을 잘 때는 뒷다리 아래쪽에 머리를 기대고 자기도 해.

기린의 자는 모습

기린도 사람처럼 목뼈가 7개야.

초원의 동물

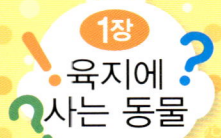
1장 육지에 사는 동물

으르렁~

005
사자와 호랑이가 싸우면 누가 이길까?

사나운 맹수로 유명한 호랑이는 산에 살고, 사자는 초원에 살기 때문에 자연에서는 둘이 싸울 일이 없어. 하지만 학자들은 호랑이와 사자가 일대일로 겨뤘을 때 호랑이가 이길 거라고 생각해. 호랑이가 사자보다 덩치도 크고, 단독 생활을 하며 더욱 공격적인 성향을 지녔기 때문이야.

크왕! 어흥!

사자 VS **호랑이**
몸무게: 100~250kg / 몸무게: 180~370kg
몸길이: 170~250cm / 몸길이: 215~330cm

006
사자는 어떻게 사냥할까?

사자는 무리 생활을 하는데, 암컷이 사냥을 담당해. 암컷 사자 무리는 어두운 밤에 사냥감에게 슬금슬금 다가가, 가까이 접근하면 암사자 한 마리가 달려 나가서 앞발로 사냥감을 쓰러뜨려. 그걸 본 다른 암사자들도 우르르 달려가 사냥감을 공격하지.

암컷 사자

갈기
수컷 사자

007
초식 동물은 왜 몰려다닐까?

초원에 사는 초식 동물은 서로를 지키기 위해 무리 지어 살아. 특히 얼룩말이 모여 있으면 무늬 때문에 큰 동물처럼 보이지. 초식 동물 무리 안에서도 힘이 가장 센 우두머리가 맨 앞이나 뒤에서 적의 공격을 막아 무리를 지켜.

얼룩말

사자

008
하이에나는 어떻게 먹이를 구할까?

하이에나는 몸길이 160cm 이하로 몸집이 작은 편이지만 튼튼한 이빨과 턱을 가지고 있어. 덕분에 무리 지어 사냥할 때 훨씬 큰 먹잇감도 잡을 수 있지. 하지만 때론 다른 육식 동물이 먹다 남긴 고기를 먹어 치워서 '초원의 청소부'라고 불리기도 해.

일단 기다려 봐.

우리도 사냥하자!

하이에나

1장 육지에 사는 동물
힘이 센 동물

"나처럼 사람과 뇌, 이, 손발의 모양이 비슷하게 생긴 동물을 '유인원'이라고 해."

009
고릴라는 정말 무서울까?

고릴라는 영화에서 종종 사나운 모습으로 나와. 그래서 무서울 것 같지만 실제로는 온순한 편이고, 사람을 먼저 공격하지 않아. 다만, 적에게 공격을 받으면 고릴라도 두 발로 서서 가슴을 세게 두드리며 겁을 주지.

고릴라

곰

010
곰은 행동이 느릴까?

짧은 꼬리에 둥근 귀를 가진 곰이 마냥 귀엽고 둔할 거라고 생각할 수 있지만, 곰은 머리가 좋고 행동도 무척 빨라. 앞발로 내려치는 힘이 굉장히 강하고 성격이 사납기 때문에 호랑이와 싸웠을 때 곰이 이기는 경우도 많지.

011
코뿔소의 뿔은 어떻게 만들어진 걸까?

코뿔소는 얼굴에 커다란 뿔이 1개 또는 2개 있어. 뿔은 뼈가 아니라 피부가 변해서 단단해진 거야. 머리카락이나 손톱을 이루는 단백질인 케라틴으로 구성된 뿔은 평생 동안 자라. 코뿔소는 스스로 뿔을 나무나 돌에 갈면서 관리해.

흰코뿔소는 입술이 네모 같고, 검은코뿔소는 입술이 둥글대.

흰코뿔소

012
코뿔소는 얼마나 힘이 셀까?

코뿔소는 땅에서 코끼리 다음으로 몸집이 커. 몸길이는 2~5m이며, 몸무게는 1~3t이나 돼. 흰코뿔소가 검은코뿔소보다 훨씬 커. 코뿔소들은 다른 초식 동물처럼 무리 지어 살아. 적이 공격해 오면 무서운 뿔과 커다란 덩치로 단숨에 적을 제압하지.

검은코뿔소

초식 동물

1장 육지에 사는 동물

안녕!

013

사슴뿔은 어떤 일을 해?

사슴은 수컷만 뿔이 나고 암컷은 뿔이 없어. 적의 공격을 막아 낼 때 뿔을 사용하지. 또 수컷 사슴들은 암컷을 차지하기 위해 서로 뿔을 맞대고 싸우기도 해. 사슴뿔은 매년 저절로 떨어졌다가 새로 자라.

사슴

나는 최고의 동물 사진가야!

014

루돌프는 어떤 사슴일까?

산타클로스 할아버지의 썰매를 끄는 루돌프 사슴은 순록이야. 순록은 유럽과 시베리아, 알래스카주 등에 사는 사슴과 동물인데 추위에 매우 강해. 그리고 순록은 코가 빨갛게 보여. 그 이유는 순록의 코 안에 가느다란 혈관이 무척 많이 몰려 있기 때문이야.

순록

015 고라니는 어디에서 살아?

고라니는 우리나라와 중국에서 볼 수 있어. 몸을 숨기기 좋은 갈대밭이나 높게 자라난 풀숲에 살아. 또 물을 좋아해서 헤엄도 잘 치지. 새끼 때는 사슴처럼 하얀 반점이 있는데, 자라면서 반점이 없어져. 수컷 고라니는 어른이 되면 송곳니가 삐쭉 나오는데, 이것을 '엄니'라고 해.

고라니

고라니는 헤엄을 잘 쳐서 '물사슴'이라고도 불려.

016 자기가 싼 똥을 먹는 동물이 있다고?

깡충깡충 뛰는 토끼는 동글동글한 똥과 끈적끈적한 묽은 똥을 눠. 그리고 토끼는 자기가 싼 묽은 똥을 먹지. 왜냐하면 토끼의 똥에는 자신의 성장에 꼭 필요한 영양소가 들어 있기 때문이야. 토끼뿐만 아니라 초식을 하는 많은 동물이 자신의 똥을 먹어 소화하는 과정에서 영양분을 얻어.

믿을 수 없어!

토끼

화려한 무늬

1장 육지에 사는 동물

017
얼룩말은 왜 줄무늬가 있어?

아프리카 초원에 사는 얼룩말이 왜 화려한 줄무늬가 있는지 궁금했던 과학자들이 얼룩말, 흰 말, 검은 말, 갈색 말을 관찰했어. 동물의 피를 빨아 먹는 흡혈 파리가 얼룩말의 줄무늬를 가장 싫어하는 것을 알게 되었지. 그래서 아프리카의 얼룩말은 흡혈 파리를 쫓기 위해 검고 흰 줄무늬가 생겨난 걸로 추측한대.

얼룩말

018
공작은 왜 깃털이 화려할까?

수컷 공작은 암컷에게 잘 보이기 위해 꼬리에 있는 화려한 깃털을 부채 모양으로 펼쳐. 펼쳐진 깃털이 화려하고 클수록 암컷에게 인기가 좋지. 크고 화려한 꽁지깃 때문에 적에게 잡아먹히기 쉬울 것 같지만, 공작이 수풀에서 꽁지깃을 펼쳐도 *색맹인 맹수들 눈에는 잘 보이지 않는대.

*색맹: 색을 정확히 구분하지 못하는 상태.

꽁지깃

내 멋있는 깃털 좀 봐 줄래?

공작

와, 나도 갖고 싶어!

019

뱀은 색깔이 왜 화려할까?

뱀 중에는 화려한 무늬와 멋진 색을 자랑하는 뱀이 있어.
화려한 색과 무늬를 가진 뱀은 적에게 겁을 줄 수 있지.
피부색이 어두운 뱀은 눈에 잘 띄지 않아서 나무나 바위 등에 몸을
숨겨 먹이를 잡기 쉽고, 포식자에게 먹힐 위험이 적어.

저 뱀 굉장히 강해 보이는걸?

뱀

쉬익~

020

동물은 왜 무늬가 있을까?

동물들은 생김새만큼 다양한 무늬를 갖고 있어.
화려한 무늬는 적들을 위협하기도 해. 기린의 무늬는 사람 지문처럼
각각 다르기 때문에 부모가 새끼를 구분할 수 있도록 도와주고,
얼룩말의 얼룩무늬는 체온을 조절해 주기도 하지.

1장 육지에 사는 동물
빠른 동물

021
동물 가운데 누가 가장 빨리 달릴까?

땅 위에 사는 동물들이 달리기 시합을 시작했어. 1등의 주인공은 최대 *시속 112km로 달린 치타야. 치타는 자동차만큼 빠르게 달릴 수 있어. 치타가 100m 달리기를 하면 3초 정도에 도착할 수 있는 정도지.

*시속: 1시간 동안의 진행 거리.

022
치타랑 표범은 어떻게 달라?

치타와 표범은 모두 아프리카나 아시아에 사는 고양잇과 맹수야. 치타는 짧고 누런 털에 검은 점무늬가 있고, 눈 주변에 눈물 자국이 있지. 표범은 가운데 구멍이 뚫린 검고 둥근 무늬를 가지고 있어. 그리고 나무를 무척 잘 타서 나무 위에서 휴식을 취하곤 해.

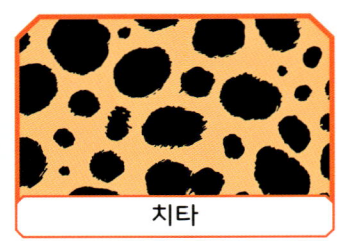
치타

표범

좀만 더 힘내래이!

4등 서러브레드(말) 68km

2등 톰슨가젤 90km

5등 사자 64km

3등 타조 80km

023 사막에서는 왜 낙타를 탈까?

모래가 많고 물이 부족한 사막에서는 낙타를 타고 이동하는 게 가장 빠르고 좋아. 낙타의 긴 속눈썹은 모래가 눈으로 들어오는 것을 막아. 낙타는 물을 마시지 않고도 무려 300km 정도 걸을 수 있지. 지방을 혹 안에 저장해 두고 필요할 때마다 물과 에너지로 쓸 수 있거든.

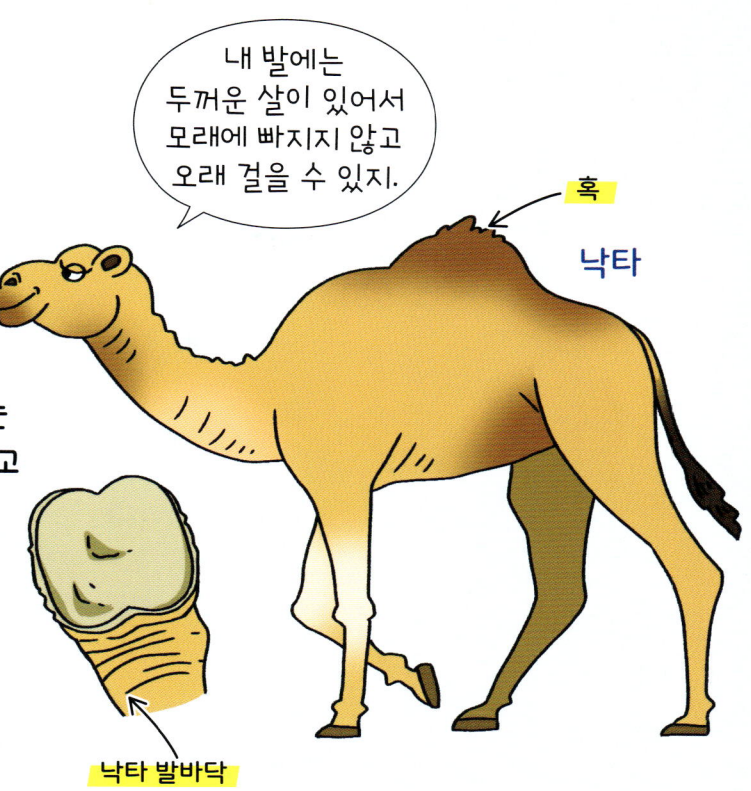

내 발에는 두꺼운 살이 있어서 모래에 빠지지 않고 오래 걸을 수 있지.

혹
낙타
낙타 발바닥

024 사람은 언제부터 말을 탔을까?

말은 돼지나 양에 비해 길들이기가 어려운 동물이었어. 하지만 약 6천 년 전부터 짐을 멀리 나르기 위해 말을 기르기 시작했고, 사냥을 나갈 때나 전쟁할 때 말을 타고 다녔지. 그러다 약 5천 년 전부터 땅이 드넓은 유라시아 대륙에서 말을 타는 기술이 발전했어. 이것을 '기마술'이라고 해.

달려라!

1등 치타 112km

느린 동물

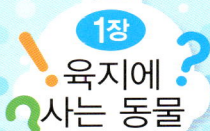
1장 육지에 사는 동물

느릿 느릿

저 똥이 얼마나 귀한 건데!

코알라

025
아기 코알라는 왜 엄마 똥을 먹을까?

코알라는 독성이 있는 유칼립투스 나뭇잎을 먹고 살아. 코알라의 똥에는 유칼립투스 나뭇잎의 독성을 분해할 수 있는 미생물이 가득 들어 있어. 그래서 엄마 코알라는 아기 코알라에게 자신의 똥을 먹이면서 미생물을 전달하지. 덕분에 아기 코알라도 무사히 나뭇잎을 먹을 수 있게 돼.

026
코알라는 얼마나 잘까?

코알라는 호주의 유칼리나무 숲에 살아. 코알라의 먹이인 유칼립투스 나뭇잎에는 영양소가 적게 들어 있어. 그래서 코알라는 나무 위에서 20시간 동안 쿨쿨 자면서 에너지를 아껴. 나머지 4시간 정도는 쉬거나 나뭇잎을 먹지.

으악, 똥이잖아!

1장 육지에 사는 동물
작은 동물

029
하늘을 나는 다람쥐가 있다고?

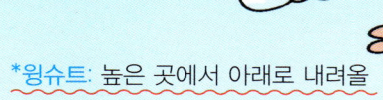

윙슈트를 입은 사람

천연기념물이자 멸종 위기 동물인 하늘다람쥐는 멋진 날개막이 있어. 나무 사이를 이동할 때 온몸을 활짝 펴면 다리와 몸에 붙어 있는 날개막 덕에 바람을 타고 잠깐 동안 날 수 있지. 사람들은 하늘다람쥐를 보고 *윙슈트를 만들기도 했어.

*윙슈트: 높은 곳에서 아래로 내려올 때 입는 특수 낙하산 복장.

하늘다람쥐

030
다람쥐 볼에는 뭐가 들어 있어?

다람쥐의 볼에는 먹이를 저장하는 주머니가 있어. 나무 사이사이를 타고 다니다가 먹이를 발견하면 볼주머니에 저장해 두고 한꺼번에 많이 옮겨. 볼주머니에 도토리, 벼 낟알, 마른 잎 등 먹이를 잔뜩 넣고 나무나 땅속 보금자리로 가져가지.

볼주머니에 먹이를 넣는 다람쥐

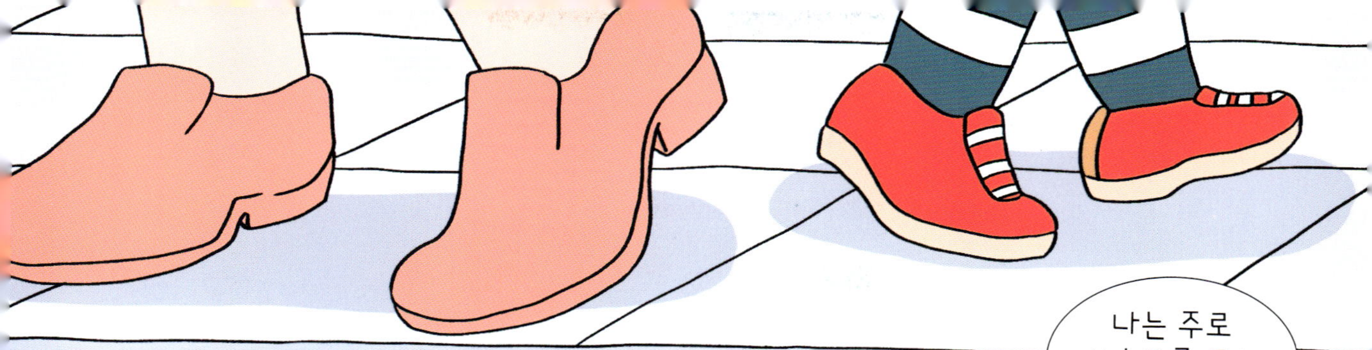

나는 주로 하수구를 통해 움직여.

찍 찍!

031
쥐는 해로운 동물일까?

쥐는 사람 가까이 살며 온갖 것을 주워 먹어. 튼튼한 앞니로 무엇이든 갉아 먹을 수 있지. 창고에 들어가서 곡식을 몰래 훔쳐 먹기도 해. 게다가 옛날에는 쥐의 몸에 붙어 있는 벼룩 때문에 '흑사병'이라는 전염병이 퍼지며 많은 사람이 목숨을 잃기도 해서 해로운 동물로 불려.

시궁쥐

032
두더지는 정말 눈이 나쁠까?

어두운 땅속에 사는 두더지는 눈이 아주 작고, 앞을 거의 못 봐. 대신 삐죽 튀어나온 코로 냄새를 잘 맡고, 입 주변의 수염으로 먹이가 움직이는 것을 알아챌 수 있어. 어두운 밤이 되면 가끔 두더지가 땅 위로 나오기도 하지만, 대부분 땅속에서 지렁이나 곤충을 먹으며 지내.

바깥세상은 어때?

두더지

나처럼 앞발이 뾰족해서 땅 파기 편하겠다.

1장 육지에 사는 동물 — 산속 동물

너구리

라쿤

033 너구리와 라쿤은 뭐가 달라?

유럽과 아시아에서 사는 너구리는 귀가 동그랗고 다리가 짧아. 꼬리에 줄무늬도 없고, 생긴 모습은 개와 비슷하지. 라쿤은 만화나 동화에서 보던 '너구리'처럼 생겼어. 귀가 뾰족하고 꼬리에 줄무늬가 있지. 아메리카 대륙에 살아서 미국너구리라고 부르기도 해.

034 죽은 척하는 동물이 있다고?

너구리는 적을 만나거나, 위협을 받으면 죽은 척을 해. 그 자리에 누워 죽은 듯 가만히 있다가 위험에서 벗어났다 싶으면 재빨리 도망가지. 너구리는 갯과 동물 중에서 유일하게 겨울잠을 자기도 해.

다른 나라 곰 친구들

북극곰

불곰

035
반달가슴곰은 어떻게 생겼어?

멸종 위기 야생 생물인 반달가슴곰은 우리나라와 중국에만 살아. 불곰에 비해 몸집이 작아서 움직임도 재빠르고, 나무도 잘 타지. 그래서 나무 위에 휴식처를 만들어 쉬기도 해. 온몸에 빽빽하게 까만 털이 나 있는데, 가슴에 브이(V) 자 모양으로 흰 털이 나 있어.

036
멧돼지는 왜 마을로 내려올까?

야생 동물인 멧돼지는 산에서 산나물, 도토리, 밤 등을 먹으며 살아. 길고 힘센 주둥이로 땅을 파서 지렁이나 벌레를 잡아먹기도 하지. 그런데 산에 먹을 게 없어지면 종종 마을로 내려와서 텃밭의 곡식을 먹거나 먹이를 찾아 이곳저곳 헤매기도 해.

반달가슴곰

멧돼지야, 어디 가?

멧돼지

사람들이 도토리를 주워 가서 먹을 게 없어.

개와 고양이

1장 육지에 사는 동물

멍!

037
개의 후각은 얼마나 뛰어날까?

사람은 눈을 통해 대부분의 상황을 판단하지만, 냄새를 잘 맡는 개는 코로 냄새를 맡으며 다양한 정보를 알게 돼. 개는 냄새를 알아차리는 후각 세포가 사람보다 훨씬 많아서 사람이 맡을 수 없는 냄새도 맡을 수 있지. 훈련을 받은 개는 마약탐지견으로 활약하기도 해.

숨어 있는 간식도 잘 찾는 이유가 있었데이~!

038
개는 얼마나 똑똑할까?

개의 뇌에는 정보를 처리하는 신경 세포(뉴런)가 5억 3000만 개로 무척 많아. 2~3살 아이와 지능이 비슷한 수준이지. 또 개는 다른 동물보다 공감 능력이 뛰어나기 때문에 사람과 마음을 나눌 수 있는 동물이기도 해. 그래서 사람은 아주 오래전부터 개를 키웠어.

나는 꼬리로 기분을 표현해!

개

039 고양이의 수염은 어떤 일을 할까?

고양이는 코 옆뿐만 아니라 눈, 턱, 앞다리에도 수염이 나 있어. 고양이의 수염은 다양한 감각을 느낄 수 있기 때문에 물건의 위치를 파악하거나 공기의 흐름을 느낄 수 있어. 덕분에 고양이는 어두운 밤에도 안전하게 움직일 수 있지.

등을 굽히고 다리를 쭉 펴서 점프해.

고양이

040 고양이는 얼마나 높이 뛸까?

고양이는 자신의 키보다 9배나 높이 점프할 수 있어. 그리고 사람보다 척추뼈가 많아서 유연하게 움직일 수 있지. 귓속에 있는 균형 기관 덕분에 높은 곳에서 떨어져도 안전하게 착지할 수 있어. 게다가 어깨와 척추는 떨어질 때의 충격을 잘 흡수해 주지. 하지만 모든 고양이가 안전하게 착지할 수 있진 않아.

귀여운 고양이다!

파충류

1장 육지에 사는 동물

파라다이스 나무뱀

041
하늘을 나는 뱀이 있을까?

동남아시아 열대 우림에 하늘을 나는 파라다이스 나무뱀이 살아. 이 뱀은 나무와 나무 사이를 날면서 옮겨 다녀. 파라다이스 나무뱀은 나뭇가지에 감고 있던 몸을 재빨리 풀면서 멀리 내던져. 그런 다음 공중에서 몸을 납작하게 만들고, 파도치는 것처럼 에스(S)자로 몸을 흔들며 비행하지.

042
뱀은 왜 다리가 없어?

땅을 기어 다니는 뱀은 *파충류지만 다리가 없어. 뱀은 도마뱀에서 다리가 점점 사라지고 몸이 가늘게 변한 동물이기 때문이야. 뱀은 주로 땅속에서 생활하는데, 과학자들은 뱀이 땅속에서 매끄럽게 다니기 위해 다리가 없고 길쭉한 몸으로 변한 거라고 주장하고 있어.

*파충류: 피부가 비늘로 덮여 있고, 보통 꼬리가 길고 다리가 짧음.

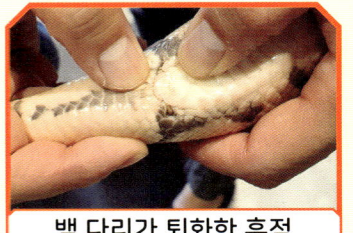

뱀 다리가 퇴화한 흔적

나랑 닮았네.

뱀

043 카멜레온은 왜 몸 색깔이 변할까?

카멜레온은 피부에 몸의 색깔을 다양하게 바꿀 수 있는 색소가 있어. 대부분의 카멜레온은 짙은 녹색에 다양한 무늬를 갖고 있는데, 몸 색깔을 자유롭게 바꾸면서 적으로부터 몸을 숨길 수 있어. 또 카멜레온은 주위 온도나 기분에 따라서도 몸 색깔을 바꿀 수 있지.

044 도마뱀은 위험하면 어떻게 할까?

도마뱀은 습기가 많고 축축한 곳을 좋아해. 산속 바위나 낙엽 아래에 살지. 도마뱀은 적을 만나면 스스로 꼬리를 끊고 달아나. 적이 도마뱀의 잘린 꼬리에 한눈팔고 있을 때 얼른 도망가지. 잘린 꼬리가 다시 자라나려면 많은 에너지가 많이 필요하고, 꼬리가 두 번 끊어지면 다시 자라지 않아.

겨울잠

045

동물들은 추운 겨울을 어떻게 보낼까?

추운 겨울, 동물들은 어디에서 무얼 하고 있을까? 꽁꽁 언 땅속과 물속, 나무 기둥이나 굴속에서 겨울잠을 자고 있어. 오소리나 뱀, 다람쥐 등은 땅속에서 쿨쿨 자고, 곤충들은 나무속이나 땅속에 알을 낳지. 겨울을 따뜻하게 지낸 곤충의 알들은 봄이 되면 알을 깨고 나와.

곰

오소리

다람쥐

메뚜기 알

 **046**

동물은 왜 겨울잠을 잘까?

겨울이 되면 열매도, 벌레도 없어. 그래서 동물들은 먹을 게 없어서 활동을 멈추고 겨울잠을 자. 겨울잠을 자는 동안 에너지를 거의 사용하지 않아서 음식을 안 먹어도 긴 겨울을 버틸 수 있지. 겨울잠을 자지 않는 동물들은 긴 겨울이 오기 전 먹을 것을 미리 많이 먹거나 모아 둬. 또 털갈이를 해서 몸을 따뜻하게 만들기도 해.

다들 겨울잠 잘 시간이야!

 **047**

자다가 배고프면 어떻게 해?

겨울잠을 자는 대부분의 동물들은 아무것도 먹지 않고 계속 잘 수 있어. 하지만 다람쥐나 곰은 겨울잠을 자다가 가끔 깨어나 먹이도 먹고 똥도 눠. *변온 동물인 뱀이나 개구리는 아무것도 먹지 않고 봄이 올 때까지 계속 잠만 자.

*변온 동물: 체온을 스스로 조절할 수 없는 동물로 양서류나 파충류 등이 해당.

 **048**

물속에는 누가 자고 있을까?

겨울에는 물이 차가울 텐데 물고기는 무얼 하고 있을지 궁금하지? 물고기는 얼음이 얼지 않는 물 아래쪽으로 내려가서 물풀 사이나 돌 틈에서 겨울잠을 자. 물 밑에 있는 진흙에 들어가 있기도 하지. 하지만 빙어는 차가운 물을 좋아해서 겨울잠을 자지 않아.

고래와 돌고래

2장 물과 친한 동물

049 물속에 거대 동물이 있다고?

흰긴수염고래라고도 불리는 대왕고래는 물, 땅, 하늘을 통틀어 가장 큰 동물이야. 갓 태어난 대왕고래 새끼의 몸무게는 4~5t이고, 다 자란 암컷 대왕고래는 177t이나 돼. 대왕고래는 몸집만큼 내는 소리도 무척 커서 그 소리가 수백km 밖까지 울려 퍼져.

050 고래는 물고기가 아니라고?

바다에 사는 고래는 물고기가 아니라 포유류야. 포유류는 알이 아니라 새끼를 낳고 젖을 먹이며 기르지. 그리고 물고기는 아가미 덕분에 물속에서 숨을 쉬지만, 고래는 머리 꼭대기에 있는 분수공으로 공기를 마시고 폐로 숨을 쉬어. 고래는 물속에서 최대 2시간까지도 잠수할 수 있지.

대왕고래

분수공

051 고래는 왜 점프를 할까?

고래는 물 위를 솟구쳐 나와. 마치 텀블링을 도는 것처럼 재주를 부리지. 하지만 고래가 왜 이런 행동을 하는지 정확히 알지 못해. 다만 암컷의 관심을 끌기 위해서 또는 적에게 경고 표시를 하기 위해서 그런 것이라고 짐작하고 있어.

가오리

052 분홍색 돌고래도 있다고?

브라질 아마존강에 피부가 분홍색인 돌고래가 살아. 4개의 강돌고래류 가운데 하나인 아마존강돌고래야. 그래서 이름도 분홍돌고래 혹은 보토라고 부르지. 사람들이 배로 이동하는 강물에 많이 다니는데, 예쁜 분홍빛 색깔 때문에 사람들이 마구 잡는 바람에 지금은 많이 줄어들었어.

아마존강돌고래

2장 물과 친한 동물

상어

053
상어는 이빨이 몇 개일까?

상어는 날카롭고 뾰족한 이빨이 여러 줄로 나 있어. 턱 앞쪽부터 입 안쪽을 향해 나 있는데, 바깥쪽에 있는 첫째 줄 이빨이 가장 커. 이빨은 모두 300개 정도 되는데 이빨이 부러지거나 빠지더라도 뒤에 있는 이빨이 앞으로 밀려 나오고 다시 자라기 때문에 상어는 늘 뾰족한 이빨을 가지고 있는 거야.

054
상어가 사람을 공격할까?

모든 상어가 사람을 공격하진 않지만, 공격적인 성향을 가진 상어도 있어. 특히 '백상아리'라는 상어는 가장 사납기로 유명하지. 상어는 보통 사람이 바다에서 팔다리를 휘저으며 헤엄치는 모습을 먹이로 착각해서 공격한다고 해.

상어

참방~

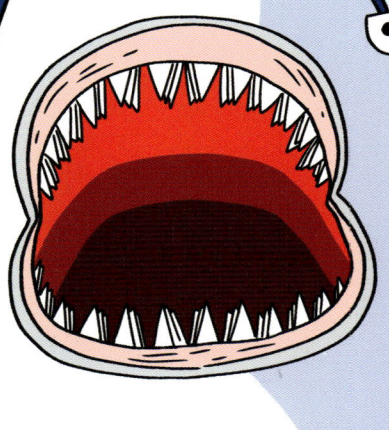
줄지어 난 상어의 이빨

055 고래상어는 고래일까, 상어일까?

고래상어는 고래처럼 몸집이 크지만 상어야. 성격이 온순해서 사람을 공격하지 않아. 먹이는 오징어나 플랑크톤, 크릴처럼 고래가 먹는 먹이를 좋아하지. 고래상어는 따뜻한 바다에서 사는데 가끔 우리나라 제주도 근처 바다에서 발견되기도 해.

난 상어지만 별로 무섭지 않아!

예잇!

고래상어

056 망치처럼 생긴 상어도 있다고?

500종이 넘는 상어는 전 세계에 살고 있어. 그중에서 귀상어는 무척 신기하게 생겼어. 귀상어는 망치처럼 길쭉한 머리끝에 눈과 코가 붙어 있지. 귀상어는 백상아리만큼 성질이 사나워서 사람을 위협하기도 해.

이렇게 길쭉한 머리는 처음 봐!

넌 뭐냐!

귀상어

정글의 동물

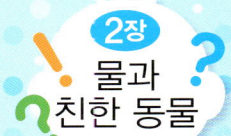
2장 물과 친한 동물

안녕!

057 악어는 어떻게 구별할까?

악어는 생김새에 따라 앨리게이터, 크로커다일, 가비알로 나뉘어. 앨리게이터는 입을 다물면 아래 이빨이 보이지 않고, 크로커다일은 위아래 이빨이 맞물려 있어서 입을 다물었을 때 아래 이빨까지 보이지. 가비알은 매우 길고 좁은 주둥이를 가지고 있어.

앨리게이터

크로커다일

악어
와~! 크다!

058 악어는 왜 입을 벌리고 있을까?

악어는 파충류 가운데 가장 큰 몸집을 자랑해. 대부분 물속에서 시간을 보내는데, 햇빛을 쬐러 물 밖에 나오기도 해. 그럴 때면 햇빛 때문에 뜨거워진 몸을 식히기 위해서 입을 벌리는 거야. 또 적이 공격하거나 알을 건드릴 때 악어는 겁을 주기 위해서도 입을 크게 벌려.

"귀신보다 무서운 동물이 많네."

059 사람을 공격하는 물고기가 있을까?

피라냐는 브라질의 아마존강, 파라나강에서 살고 있어. 날카로운 이빨과 강력한 턱의 힘으로 강을 건너는 소나 양을 공격해 잡아먹지. 먹이가 부족해진 피라냐가 사람을 공격했다는 사례도 있어. 우리도 조심하는 게 좋겠지?

060 전기를 만드는 물고기가 있다고?

2m까지도 자라는 전기뱀장어는 몸 뒤쪽 옆구리에 전기를 만드는 기관이 있어. 가까이 닿기만 해도 전기를 내보내지. 평소에는 진흙 바닥에 있다가 전기를 이용해서 먹잇감을 기절시켜 잡아먹어. 전기뱀장어가 한번 전기를 내보내면 다시 충전하기까지 시간이 걸리지.

2장 물과 친한 동물

물과 육지

061
거북은 얼마나 오래 살까?

거북은 오래 사는 동물 중 하나야. 육지에 사는 갈라파고스땅거북은 100년 이상 산다고 하고, 바다에 사는 장수거북은 150년 이상 산다고 알려져 있어. 하지만 이렇게 수명이 긴 장수거북은 환경 오염 때문에 현재 멸종 위기라고 해.

"육지거북은 발이 발달해 있어."

육지거북

"나는 발이 지느러미처럼 생겼지."

바다거북

062
하마는 물에 얼마나 오래 있을까?

하마는 육지에 살지만 물을 무척 좋아하는 포유류야. 물고기처럼 헤엄을 잘 치진 못하지만 발에 물갈퀴처럼 얇은 막이 있어서 수영 실력도 좋아. 하마는 5분 정도 잠수했다가 물 밖으로 콧구멍만 살짝 빼서 숨을 쉬곤 해.

하마

063 물개와 물범은 어떻게 다를까?

물개와 물범은 생김새가 매우 비슷해. 둘 다 바다에서 살기 좋도록 지느러미 발을 가진 포유류거든. 하지만 물개는 커다란 앞다리 지느러미로 땅에서 움직이고 몸을 세울 수 있고, 물범은 앞다리 지느러미가 짧아. 그래서 물범은 땅에서 뒷지느러미를 이용해 기어 다니지.

귓바퀴 (물범과 달리 외부에 드러나 있음)

뒷지느러미

앞지느러미

물개   물범

바다코끼리는 헤엄도 무척 잘 쳐!

바다코끼리

송곳니

064 바다에 코끼리가 산다고?

바다코끼리는 바다에 사는 포유류야. 코끼리의 코 옆에 난 상아처럼 기다란 송곳니를 가지고 있어서 바다코끼리라고 불리지. 2~3m로 몸집이 무척 크고 1t이 넘을 정도로 몸무게도 무거워. 추운 곳에 사는 바다코끼리는 빙하 위에서 쉬는 걸 좋아해.

2장 물과 친한 동물
독을 가진 동물

독이 있는 동물 모임

065 독이 있는 문어도 있을까?

파란고리문어는 따뜻한 바다에 사는 문어야. 노란색이나 황토색 몸에 파란 고리 무늬가 있어서 예뻐 보이지만 무시무시한 독(테트로도톡신)이 들어 있어서 무척 위험하지. 원래는 남태평양 등 따뜻한 바다에 살았지만 최근에 우리나라 주변 해안에서도 발견되었어.

파란고리문어

독화살개구리 — 화려한 몸 색깔만큼 독도 세지!

에헴, 내 균도 세다고!

066 독화살개구리 독은 얼마나 강할까?

독화살개구리 독은 엄청 강해서 인디언들이 화살에 독화살개구리 독을 발라 전쟁에 나갈 정도였어. 그래서 독화살개구리라고 불리게 되었지. 독화살개구리는 전 세계적으로 종류가 다양한 만큼 무늬도 무척 다양해. 위험을 느끼면 독을 내뿜는데, 사람에게도 위험할 정도로 독이 강해.

067 화가 나면 풍선처럼 커지는 물고기가 있다고?

복어는 화가 나면 물이나 공기를 가득 채워 몸을 풍선처럼 커다랗게 만드는 물고기야. 잔뜩 화가 났다고 겁을 주는 거지. 이런 복어는 파란고리문어와 같은 독을 지니고 있기 때문에 함부로 복어를 먹으면 안 돼. 복어는 우리나라 바다에 많이 살며, 물고기나 조개를 잡아먹어.

볼이 완전 빵빵해!

복어

상자해파리

촉수

068 바다에서 가장 위험한 독을 가진 동물은 누구일까?

해파리는 버섯처럼 생긴 몸에 많은 촉수가 늘어져 있어. 독이 없는 해파리도 있지만 대부분의 해파리는 촉수에 있는 독으로 먹이를 사냥하지. 그중에서도 바다의 말벌이라고 불리는 상자해파리는 매우 강한 독을 지녔어.

펭귄

3장 날개가 있는 동물

069
펭귄은 어디에서 살까?

펭귄은 바다에 사는 바닷새야. 두 발로 서서 다니는 몇 안 되는 동물 중 하나지. 펭귄은 아주 추운 남극뿐 아니라 아르헨티나, 오스트레일리아, 뉴질랜드 등에서 살고 있어. 날씨가 무척 더운 남아프리카 공화국이나 나미비아에서 사는 펭귄도 있지.

070
가장 큰 펭귄은 누구일까?

남극에 사는 황제펭귄이 가장 커. 머리와 등은 까맣고 배는 하얗지. 두 번째로 몸집이 큰 펭귄은 킹펭귄으로 임금펭귄이라고도 불려. 황제펭귄과 비슷하게 생겼는데 등은 은회색 빛이 나. 펭귄 중에서 가장 작은 쇠푸른펭귄은 크기가 30cm 정도밖에 안 돼서 꼬마 펭귄이라고 불려.

와, 정말 크다!

- 황제펭귄 122cm
- 킹펭귄 90cm
- 젠투펭귄 51-90cm
- 쇠푸른펭귄 30cm

071

펭귄은 왜 똥을 쏠까?

주로 추운 곳에 사는 펭귄은 알을 다리 사이에 품고 있을 때 자리를 이동하지 않아. 똥을 누더라도 다리 사이에 품고 있는 알을 지키기 위해 엉덩이만 살짝 들어서 똥을 멀리 발사하지. 마치 물총을 쏘듯 '찍' 하고 말이야.

알이 더러워 지면 안 돼!

찌익~

072

펭귄은 추우면 어떻게 할까?

황제펭귄은 남극의 추운 겨울을 버티기 위해 모든 무리가 새끼를 안쪽에 두고 한데 모여. 서로 붙어 있으면 체온이 더해져서 조금 더 따뜻하거든. 바깥쪽 펭귄의 체온이 떨어질 때쯤이면 안쪽에 있는 펭귄과 자리를 바꿔서 추위를 이겨내지.

이제 자리 바꾸자.

같이 있으니까 춥지 않다.

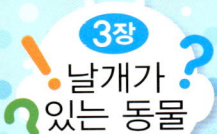 3장 날개가 있는 동물

날지 못하는 새

 073

닭은 날 수 있을까?

닭은 사람과 함께 살면서 무게가 늘어났고, 날개를 사용할 일이 없어졌지. 날 수 있는 능력을 점점 잃어버리게 된 거야. 하지만 야생에서 사는 닭들은 날개를 퍼덕여 높은 나뭇가지에 올라앉거나 짧은 거리를 비행할 수 있어.

수탉은 암탉보다 볏이 크고, 꽁지깃도 길어.

벗
육수
꽁지깃
닭

꼬끼오~
푸드덕~!

074

닭은 알을 몇 개나 낳을까?

닭은 사람이 아주 오래전부터 키워 온 새야. 암탉은 태어나서 130일쯤 되면 알을 낳을 수 있어. 달걀을 얻기 위해 전문적인 시설에서 기르는 닭을 산란계라고 하는데, 산란계는 1년에 270~300개 정도 알을 낳아. 집에서 키우는 닭들은 보통 150~200개 정도 낳지.

타조알은 얼마나 클까?

타조는 가장 몸집이 큰 새야. 타조가 낳은 알도 크기가 무척 크지. 타조알은 지름이 15cm 정도로 어린 아이의 얼굴만큼 크고, 무게는 1~1.5kg으로 꽤 무겁지. 껍데기도 굉장히 단단해서 알을 깨는 것도 힘들어. 타조알은 달걀처럼 먹을 수 있고, 껍데기에 그림을 그려 장식품으로 만들기도 해.

메추리알   달걀   타조알

타조

나는 최대 시속 80km 정도의 속도로 달릴 수 있어.

076

타조는 왜 날지 못할까?

새가 하늘을 날려면 비행기처럼 날개 생김새가 공기를 잘 가르는 모양이어야 해. 또 뼈 속이 비어서 무게가 가벼워야 하지. 그런데 타조는 날개가 발달하지 못했고, 몸이 150kg 정도로 무거워서 날 수 없어. 대신 타조는 튼튼하고 긴 다리 덕에 빨리 달릴 수 있어.

 3장 날개가 있는 동물

멋있는 새

늠름

 077

독수리가 야생의 청소부라고?

독수리, 검독수리, 흰머리수리 등 수릿과의 *맹금류는 몸이 크고 끝이 굽은 부리와 날카로운 발톱을 가졌어. 그중 머리에 깃털이 무척 적어서 대머리처럼 보이는 독수리는 몸집이 가장 크지만 사냥 능력이 좋지 않아. 주로 동물의 시체를 먹기 때문에 야생의 청소부라고 불리지.

*맹금류: 성질이 사납고 육식을 하는 조류.

휘잉~

독수리

 078

하늘의 제왕이라고 불리는 독수리는?

야생의 청소부라고 불리는 독수리와 달리 검독수리는 하늘의 제왕이라고 불러. 최대 시속 320km 정도로 비행 속도가 무척 빠르고 발톱의 쥐는 힘이 아주 강해. 그래서 토끼 같은 작은 동물은 물론이고 커다란 고라니나 너구리 등을 직접 사냥하기도 해.

079 새는 시력이 얼마나 좋을까?

동물 중에서 새는 시력이 무척 좋은 편이야. 작은 머리에 비해 눈이 커서 볼 수 있는 범위가 넓거든. 육지 동물 중에서 눈이 가장 좋은 타조는 시력이 25.0으로 사람보다 10배 정도 잘 볼 수 있어. 사람보다 6~8배 더 잘 볼 수 있는 매의 시력은 9.0으로 높은 하늘에서도 먹잇감을 잘 발견해서 사냥할 수 있어.

매

080 독도를 지키고 있는 새는 누구일까?

독도는 경상북도 울릉군에 있는 우리나라 섬이야. 그리고 괭이갈매기가 우리의 독도를 지키고 있어. 괭이갈매기는 울음소리가 고양이와 비슷해서 '괭이'라는 이름이 붙었지. 물고기가 많은 곳에 모여 있기 때문에 어부들은 괭이갈매기를 보고 물고기 떼의 위치를 찾기도 해.

아옹~ 아옹~

괭이갈매기

철새와 텃새

3장 날개가 있는 동물

짹짹

쇠기러기

081
철새가 뭘까?

철새는 계절마다 이리저리 옮겨 다니며 사는 새야. 우리나라에서 추운 겨울을 보내는 새를 *겨울 철새라고 하고, 따뜻한 여름에 우리나라에서 알을 낳고 새끼를 기르는 새를 *여름 철새라고 하지. 우리나라에 오는 겨울 철새는 모두 150종이 넘는데, 물 근처에서 사는 물새가 가장 많이 찾아와.

*겨울 철새: 쇠기러기, 두루미, 흑두루미, 청둥오리, 고방오리, 흰뺨오리, 독수리 등.
*여름 철새: 제비, 뻐꾸기, 꾀꼬리, 해오라기, 쇠백로 등.

꽥 꽥~

청둥오리

고방오리

082
철새는 어디로 갈까?

겨울 철새는 겨울을 찾아다니기 때문에 봄이 되면 날씨가 추운 중국, 몽골, 러시아 등 북쪽으로 떠나. 여름 철새는 따뜻한 날씨를 좋아해서 가을이 되면 동남아시아나 오스트레일리아 같은 따뜻한 남쪽 나라로 떠나지.

083 텃새가 뭘까?

계절이 바뀌어도 다른 지역으로 떠나지 않고 한곳에 사는 새를 텃새라고 해. 참새, 까마귀, 까치 같은 텃새들은 여름에는 산에서 살다가 먹을 것이 부족한 겨울이 되면 마을 주변으로 내려오기도 해.

084 참새는 어떻게 살까?

참새는 텃새 중에서도 우리가 흔히 볼 수 있는 새야. 농촌 주변은 물론 도시에서도 쉽게 볼 수 있지. 무엇이든 잘 먹어서 곤충을 잡아먹거나 곡식 낟알, 나무 열매 등을 먹기도 해. 참새는 목욕하는 것도 좋아해서 부리에 물을 쪼아 몸에 바르거나 모래에 몸을 비벼서 먼지를 털어내.

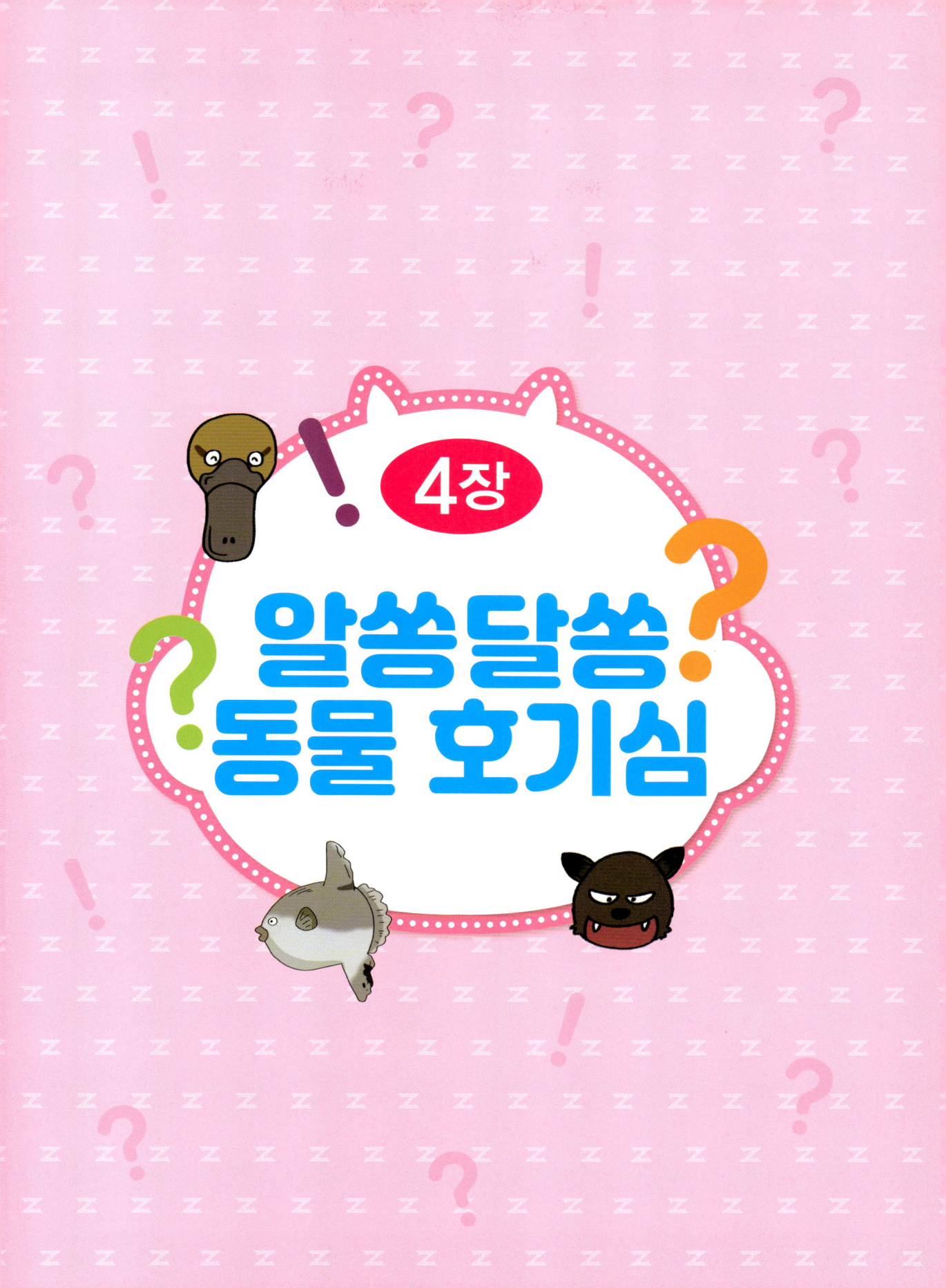

동물 랭킹

4장 알쏭달쏭 동물 호기심

넓적~

085

가장 오래 사는 동물은?

추운 북극해에 사는 그린란드 상어가 *척추동물 중에서 가장 오래 살아. 보통 400년까지 사는데, 500년 넘게 산 것도 발견되었대. 그린란드 상어는 몸길이가 최대 7m까지 자라는데, 1년에 겨우 1cm만 자라. 4m 정도 크기의 어른이 되기까지 156년쯤 걸리지.

*척추동물: 등뼈가 있는 동물로 포유류, 조류, 파충류, 양서류, 어류로 나뉨.

화제의 동물
★ 500살까지 사는 동물!
★ 수억 개의 알을 낳는 동물!

그린란드 상어

086

알을 가장 많이 낳는 동물은?

개복치

알을 가장 많이 낳는 개복치는 몸길이가 2~4m이고, 몸무게는 최대 2t이 넘는 커다란 물고기야. 개복치는 2~3억 개의 알을 낳아. 하지만 알을 낳은 뒤에는 낳은 알을 돌보지 않아. 그래서 어른까지 자라나는 개복치는 1~2마리뿐이지.

신비 호기심 신문 제1호

오늘의 동물 인터뷰

087
가장 똑똑한 동물은?

사람과 뇌, 이, 손발의 모양이 비슷하게 생긴 침팬지는 동물 중에서 가장 똑똑해. 생김새나 생각하는 것은 물론 유전자까지 인간과 거의 비슷하지. 훈련을 시키면 숫자 9까지 이해할 수 있어. 다음으로 똑똑한 동물은 돌고래로 사람처럼 감정도 느낀다고 해.

순위는 중요하지 않아요!

동물 지능 1위 침팬지!

088
세상에서 가장 큰 쥐는?

카피바라는 *설치류 가운데 몸집이 가장 큰 쥐야. 몸이 100~130cm까지 자라고 몸무게도 최대 79kg까지 나갈 정도지. 물과 땅을 오가며 생활하는데, 물갈퀴가 있어서 수영을 무척 잘해. 그리고 친화력이 좋아서 사람들과도 잘 어울려.

카피바라의 먹방쇼!

*설치류: 한 쌍의 앞니가 닳는 만큼 계속해서 자라나는 비버, 다람쥐 등의 쥐류 동물.

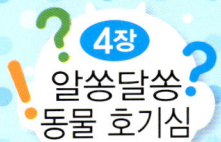 4장 알쏭달쏭 동물 호기심

특이한 동물

089
방귀로 공격하는 동물이 있다고?

족제비와 비슷하게 생겼고 검은색 바탕에 흰 줄무늬가 있는 동물, 스컹크는 엄청난 방귀 대장이야. 스컹크는 적이 나타나면 고약한 냄새의 물로 된 방귀를 내뿜어. 스컹크의 항문 옆에 썩은 달걀 냄새를 풍기는 액체가 들어 있거든. 하지만 스컹크는 아무 때나 방귀를 뀌지는 않는대. 다시 방귀가 만들어지려면 일주일이 걸리거든.

090
오리랑 너구리를 닮은 동물은?

오리너구리는 넓적한 부리와 물갈퀴가 달린 발이 오리를 닮았고, 몸통은 너구리를 닮았어. 오리너구리는 포유류지만 알을 낳아. 그리고 오리너구리 수컷의 뒷발 발톱에는 무척 강한 독이 있어.

091
건축가 동물이 있다고?

동물 세계의 건축가라고 불리는 비버는 하천이나 늪에서 멋진 집을 짓고 살아. 튼튼하고 날카로운 앞니로 나무를 갉아 모은 뒤, 흙과 돌을 보태 집을 만들어. 그리고 집 주변에 항문에서 나는 냄새를 묻혀 다른 비버가 들어오는 것을 막기도 하지.

나무를 다듬는 중이야.

비버

092
깊은 바다에는 누가 살고 있을까?

바다 깊이가 200m 넘는 곳을 '심해'라고 해. 햇빛이 거의 없어서 어두컴컴한 심해에 사는 동물들은 앞을 거의 보지 못해. 대신 몸의 색깔이 밝은 경우가 많고, 스스로 빛을 내는 발광 기관을 가지기도 해. 발광 기관 덕분에 먹이를 잡을 수도 있고, 짝을 찾을 수도 있지. 또 한번 잡은 먹이를 놓치지 않기 위해 날카로운 이빨을 지니고 있어.

수심 200m

심해는 춥고 어두워!

발광 기관

바이퍼피시

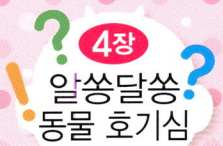

동물, 이게 궁금해!

 093

동물도 꿈을 꿀까?

동물도 꿈을 꿔. 자는 동안 입을 쩝쩝거리거나 움찔하기도 하지. 보통 꿈은 깊은 잠에서 얕은 잠으로 옮겨질 때 꾸게 되는데, 동물도 사람처럼 깊고 얕은 잠을 번갈아 가며 잔대. 하지만 이야기가 있는 꿈을 꾸는 건 아니고 밥을 먹거나 달리는 등 일상적인 내용의 꿈일 거라고 해.

← 초음파

박쥐

 094

동물들은 어떻게 대화할까?

동물들은 여러 가지 방법으로 소통해. 늑대나 개처럼 짖기도 하고, 고양이처럼 울음소리로 이야기를 나누기도 해. 그리고 돌고래나 박쥐처럼 초음파로 이야기를 나누는 동물도 있지. 세상에서 가장 작은 새인 벌새는 꽁지깃을 엄청 빨리 움직일 때 나는 소리로 사랑 고백을 한대.

사람은 우리의 초음파를 들을 수 없어.

095
사람은 왜 동물을 기를까?

사람은 다양한 이유로 동물을 길렀어. 함께 사냥하고, 알을 얻고, 이동 수단으로 사용하기도 했지. 그중 개는 유독 사람과 가까워지면서 집 안에서 같이 살게 되었지. 요즘은 개뿐만 아니라 고양이, 토끼, 고슴도치, 새 등 다양한 동물을 집에서 키워.

096
식물 같은 동물이 있을까?

바다의 꽃이라 불릴 만큼 화려하고 예쁜 말미잘은 식물 같지만 *자포동물이야. 촉수에 있는 '자포'라는 독으로 먹잇감을 움직일 수 없게 만들어 잡아먹지. 주로 아주 작은 플랑크톤이나 물고기, 새우 등을 먹으며 사는 말미잘은 흰동가리를 촉수 사이에 숨겨 주기도 해.

*자포동물: 뼈가 없는 무척추생물 중 하나로 독을 쏘는 세포를 가진 동물.

4장 알쏭달쏭 동물 호기심 동물들의 천국

097 갈라파고스 제도는 어떤 곳일까?

갈라파고스 제도는 남아메리카 에콰도르에서 1,000km 떨어진 곳에 있어. 이곳은 화산 폭발에 의해 만들어진 화산섬들로 이루어져 있지. 다른 섬들과 멀리 떨어져 있어서 '살아 있는 박물관'이라고 불릴 만큼 독특한 생태계를 이루고 있어. 그래서 희귀한 동물들이 발달했지. 1835년, 영국의 생물학자 찰스 다윈은 섬에 사는 동물들을 보며 생물은 자기가 사는 환경에 살기 알맞은 것만 살아남는다고 말했어.

갈라파고스땅거북

찰스 다윈

098 갈라파고스 제도에는 어떤 동물이 살까?

여러 개의 섬으로 이루어진 갈라파고스 제도에서만 사는 동물들이 있어. 갈라파고스땅거북, 갈라파고스바다사자, 바다이구아나, 핀치 등이야. 이 동물들은 갈라파고스에만 존재하는 동식물을 먹고 살면서 환경에 적응하기 위해 생김새가 변했어. 같은 동물이라도 다른 섬에 사는 동물과 생김새가 조금씩 다르지.

핀치

099 갈라파고스 제도에서 꼭 지켜야 할 규칙 5가지는?

1. 동물과 2m 이상의 거리를 유지하기
2. 동물을 만지거나 먹이를 주지 않기
3. 음식물을 들고 가지 않기
4. 섬에 있는 것을 가지고 나오지 않기
5. 쓰레기 버리지 않기

100 동물들이 사라지지 않으려면 어떻게 해야 할까?

전 세계 많은 동물이 점점 사라지고 있어. 환경 오염과 개발로 동물들의 먹이와 보금자리가 사라지고 있거든. 동물들과 함께 사는 지구를 만들기 위해 쓰레기를 줄이고 재활용을 열심히 해서 땅이나 바다의 오염을 막아야 해. 또 멸종 위기에 처한 동물들을 자세히 관찰하며 보호하는 것도 중요해.

동물의 분류

동물

척추동물
등뼈가 있는 동물을 말해.

포유류
몸에 털이 나고, 대부분의 포유류는 새끼를 낳고 젖을 먹여 길러.

사자, 양, 개, 물개 (난 물과 육지를 오가며 살아!)

조류
몸에 깃털이 나고 앞다리 대신 날개가 있어. 대부분의 새는 날 수 있지.

앵무, 타조, 펭귄, 닭

어류
몸이 비늘로 덮여 있어. 지느러미로 헤엄을 치고 아가미로 숨을 쉬지.

상어, 흰동가리, 금붕어

파충류
몸이 비늘로 덮여 있어. 폐로 숨을 쉬고 알을 낳아 번식하지.

도마뱀, 악어, 거북 (난 도롱뇽과 비슷하게 생겼지!)

양서류
물과 육지를 오가며 살고, 폐와 피부를 사용해서 숨을 쉬어. 피부가 항상 축축해야 하지.

개구리, 올챙이 (난 커서 개구리가 돼!), 도롱뇽

무척추동물
등뼈가 없는 동물로, 전체 동물의 대부분을 차지하고 있을 만큼 종류가 다양하지. 몸의 모양, 번식 방법, 생활 방식 등으로 나뉘어.

해파리 - 자포동물, 문어 - 연체동물, 지렁이 - 환형동물, 메뚜기 - 절지동물, 불가사리 - 극피동물, 이리나나비물 - 편형동물

(등뼈가 있는 맞아. 동물들을 말해.)

이벤트에 참여하면 신비아파트의 최신 완구를 20명에게 준데이~!

신비아파트 고스트볼Z 어둠의 퇴마사

신비 과학 그림 백과 ❷
동물 호기심 100
출간 기념 이벤트

6명 추첨 — 요술큐브 스타터 세트 (2종 중 랜덤)

4명 추첨 — 신비아파트 XR 공포의 엘리베이터
공포의 엘리베이터는 11종 중에서 랜덤으로 발송됩니다.

5명 추첨 — 뮤직 쉐킷 (2종 중 랜덤)

5명 추첨 — 고스트 파인더 (2종 중 랜덤)

참여 방법
① 오른쪽 QR 코드를 스마트폰의 QR 코드 리더기로 스캔하기
② QR 코드 스캔 후, 링크로 들어가 <신비 동물 호기심 100> 설문지 꼼꼼하게 작성하기
③ 이벤트 응모 정보도 정확하게 적어 제출하기

이벤트 참여 기한
2022년 2월 25일~2022년 3월 29일까지

당첨자 발표
2022년 4월 5일, 서울문화사 카카오톡 채널 공지
(카카오톡 채널 검색에서 '서울문화사 어린이책'을 검색하세요)

ⓒ CJ ENM Co.,Ltd. All Rights Reserved.